Kolofon
©Mathias Jansson (2019)
"en johansson stiger upp och andra uppdiktade skrönor från ådalen"
ISBN: 978-91-86915-41-4

Utgiven av:

 "jag behöver inget förlag"
c/o Mathias Jansson
Tvärvägen 23
232 52 Åkarp
http://mathiasjansson72.blogspot.se/

Tryckt: Lulu.com

en johansson stiger opp

en johansson söker jobb
djupt i myrens våta innanmäte
låg en johansson och tänkte
att död har jag varit länge
nu det får vara nog
latdagarna får vara till ände
så han reste sig ur torvens grepp
började promenera bort till stan
där han med beslutsamma steg
gick in på arbetsförmedlingen
och tog en nummerlapp

det blev så småningom johanssons tur
han bockade artigt och sa
johansson det är jag som söker jobb idag
jag har slitit hårt vareviga dag
är inte rädd att ta i
kan både plöja, hugga och röja
timra, dika och bryta

handledaren såg frågande på johansson
och sa
såna meriter känner jag inte till
men vi behöver en influencer
ett par konsulenter och några strateger
en analytiker och en manager
har du skrivit in dina meriter
dina sociala profiler
din examen och certifikat
i vår stora databas
så får du snart en match
och blir anställningsbar

nej, något sådant känner jag inte till
men jag har varit död ett bra tag
så mycket kan ju ha hänt sedan dess
jag behöver bara ett enkelt jobb
jag kan bära tegel eller brädor
ett beredskapsjobb duger åt mig
jag kan gräva diken eller hugga sten
jag är ju stark i armar och ben

det enda jag har som är fysiskt
är som PT på ett innerstadsgym
om du har ett diplom som fitnessinstruktör
ett certifikat i hälsokostprofilering
erfarenhet av social coaching
så kan du alltid försöka att söka

det var fan vad det ska vara svårt att få arbeta
finns det inget som jag kan göra
jag är inte främmad för att prova något nytt
som flotta timmer på en älv
eller gräva malm i en gruva
eller jobba i en smedja och blåsa en bälg

om det är till industrin du vill
så finns det förstås ett behov
av kompetent arbetskraft
ingenjörer och it-personal
med expertis inom artificiell intelligens
och agil systemförvaltning

nej, där här går inte skrek en johansson
jag blir alldeles matt och yr
av alla dessa konstiga yrkestitlar

jag ger upp och går tillbaka till min myr
jag passar inte längre in i dagens arbetssätt
här finns det inte längre någon plats
för en vanlig arbetare
som bara vill göra rätt för sig

en johansson på studiebesök

en johansson fick ingen ro
där han låg i ovigd jord
mitt i den norrländska myren
så rastlös steg han upp
för att se sig omkring

han strövade planlöst omkring
tills han blev stående och stirrade
på ett kalhygge utan slut
där träffade han en man i en maskin
som han frågade med bekymrad min
hur många hundra man
har röjt detta fält
säg hur många har slitit ihjäl sig
och hur många har dött av svält

maskinisten svarade med ett skratt
det här röjde jag upp i natt
men nu har jag inte tid att prata med dig
utan måste röja mitt ackord
annars får jag jobba nästa helg

johansson kom så småningom fram
till en skogsväg
där låg timmertravar staplade på rad

och en lastbilschaufför stannade till
johansson blev tvungen att fråga
hur många hästar krävs
för att dra dessa jättelass
hur många ryggar måste brytas
innan stockarna lagts på släpet

700 hästar har jag under huven
några timmars arbete med lyften
så har vi bärgat det mesta
men nu måste jag sticka
för klockan tickar
och fabriken måste matas
ska du med eller bara stå där och gapa

johansson följde med i hytten
till den stora fabriken
där han genast kände igen sig
skorstenarna bolmade som förr
och båtarna lastade vid kajen
efter en lång stunds letande
hittade johansson någon att fråga
säg mig hur många tusen
är anställda här i fabriken
hur många stackars barn
lemlästas var dag i grottes kvarn

här arbetar bara jag och chefen
men han är på semester
det mesta sköter jag med appen
varje minut är värd en förmögenhet
så sådana investeringar kan man inte
överlåta på mänskligheten

utan det får robotarna sköta
så det inte blir stopp i produktionen
men nu måste jag vidare
har ett skypemöte med ägarna i Kina

förvånad blev johansson stående
ingenting var sig längre likt
sorgsen gick han bort mot längorna
där statarna bodde när han var liten
de stod slitna och förfallna
i dessa ruckel kan väl ingen bo
tänkte johansson
om allt nu är så bra och effektivt
i dagens moderna arbetsliv
behövs väl inte längre några statarlängor

men döm till hans förvåning
då han hörde röster
såg stora barnaskaror
välla ut ur de trånga rummen
ett ögonblick trodde han
att han rest tillbaka i tiden

han hörde främmande språk
och såg människor från många kulturer
johansson frågade en man som passerade
säg vad är det för ena
som bor i dessa ruckel
bland smutsen och misären
kanske är det en museisal anläggning
där det spelas en historisk föreställning

det är en flyktingförläggning svarade mannen
med människor som sökt skydd i vårt land
de sitter mest och väntar
på att få börja jobba
och göra rätt för sig
medan kommunen betalar dyra hyror
till en rik luxemburgare
som gjort sig en förmögenhet
på avdrag och skatteplanering

tänka sig, tänkte johansson
att så mycket har förändrats
medan jag varit död
medan annat är sig lik
det finns alltså fortfarande träbaroner
som tjänar grova pengar
på att utnyttja stackars statare

en johansson bastar

den första frosten svepte in över myren
gjorde hjortronen krispigt isiga i smaken
och en johansson kände hur tjälen
kröp allt längre ned i marken
kylan trängde sig in i märgen hans
han tänkte nej - inte en vinter till
att jag ligger djupfryst i jorden

stel i lederna kravlade han sig upp
på den frostbitna marken
staplade stelbent bort mot skogen
där han visste att det fanns
en finnbastu av prima kvalité

johansson tände elden
fyllde kaminen med björkveden
så den rödglödgad knastrade
och hällde vattenskopan över stenen
satt sedan och svettades i ångorna

ur en glömd flaska stärkte han modet
kände hur en underlig känsla
när värmen för första gången
på hundra år återvände till blodet

skogens andar smög sig in genom springorna
ångorna blandades med drömmarna
gestalter tog form i bastuvärmen
hopträngd på översta laven
såg han generation efter generation
släkten johansson återuppstånden ur graven

han satt och njöt av berättelserna
alla historierna och rösterna som blandades
medan björkveden brann och förvandlades
till värme, ånga och aska

sent på morgonen vaknade johansson
fortfarande varm i kroppen och själen
nöjd och mätt på världen
kröp han åter ner i myren

en johansson hamnar i fängelset

jag vet att du hör mig
en johansson hörde rösten ovanför
den fortsatte att skrika
sluta spela död
vi har sett att du återuppstått
och gått runt i bygden
vi har tittat noga i registren
och noterat att skatt inte betalas
deklaration inte inkommit
en order om häktning har därför utfärdats
för allvarligt skattebrott

men, men protesterade en johansson
jag har ju varit död i hundra år
inte haft möjlighet att skicka brev
till myndighetspersoner som det hela berör

undanflykter, undanflykter
nu kommer du genast upp
stig upp ur myrens boning
ta ditt straff som en man
här ges ingen förskoning

en johansson klev ur graven upp
och slogs genast i bojor
fördes av en liten trupp
av tjänstemän och poliser
till häktet i Härnösand
där han sattes bakom lås och bom

men det dröjde inte länge
innan celldörren åter åkte upp

i öppningen stod en skamsen tjänsteman
harklade sig och sa ursäktande
vi beklagar, det här blev fel
vi har nu sett att skatteskulden
är lika med noll
det var ett fel i vårt system
någon form av millenniebugg

däremot kunde vi konstatera
när vi gick igenom era papper
att de senaste hundra åren
har herr johansson inte hämtat ut sin pension
så därför ber vi att få överlämna
den här avin på en miljon

en johansson filosoferar
en johansson satt på en stubbe
under den klara stjärnhimlen
vid myrens kant och begrundade
livets stora frågor
han tänkte så - att en handfull med mylla
säger mer om historien
än alla avhandlingar av professorer
ett höstlöv som flyger i vinden
är det enda du behöver veta om filosofi
och den som stått i duggregnet
en sommarkväll vid tjärnen
och hört lommens ödsliga skri
behöver inte fråga sig
vad meningen med livet är

en johansson på älgjakt
en johanson stod och tänkte
vid myrens frostiga rand
när han hörde hur det knakade
i skogen bakom ryggen hans
är det älgen tro, tänkte han
och vände sig om
men se det var det inte
utan en jägare med en bössa
och organgebandet i sin mössa

en johansson ropade åt mannen
så det är redan älgtider i skogen
jag förmodar att hela byalaget
ett par hundra drevkarlar
är ute i skogen och driver
fram viltet åt greven

nä, det är bara jag och brorsan
som är ute och snitslar med gpsen
ett stockholmsföretag
kommer upp nästa vecka för att jaga
så vi markerar i datan
var älgen brukar gå och stå
så det bara är att lägga an och skjuta

men resten av jaktlaget
ska de inte vara med och jaga
fruntimren och barna
förbereder väl där hemma
att koka blodpalten
på det varma blodet
och stoppa korvskinnet med köttet

sånt gör man inte längre
kadavret kör vi till tippen
inget vill längre ha viltköttet
alla stockholmare är väl ändå
veganer nu för tiden

det var ett märkligt slöseri
med naturens resurser
köttet kunde mätta hela bygden
och skinnet och senorna
göra stor nytta till kläderna och skorna

så gjorde man kanske förr
men nu är det tomt bakom varje dörr
det är bara brorsan och jag
vi de sista bortglömda
som driver ett jakt- och fiskebolag
här i glesbygden

ingenting finns längre kvar
varken affär eller apotek
skola eller bibliotek
vårdcentral eller systembolag

ingen bryr sig om oss
som bor utanför stureplan
det finns inte längre något kvar
av statens tjänster och infrastrukturer
det enda som fungerar i glesbygden
är den förbannade skatteavin
som alltid kommer punktligt

ja se, tänkte en johansson
det är kanske inte så annorlunda ändå
när jag var livs levande
fanns heller inget att hämta från det offentliga
men aldrig glömde statens byråkrati
att du skulle betala för adel och monarki

en johansson känner sig sjuk
en johansson vaknade
där han låg i sin norrländska myr
av en plötsligt smärta i bröstet
han kände hur det gnagde i det inre
och orolig över att blivit sjuk
beslöt han sig för söka för sin plåga

sjuksköterskan såg förskräckt
på johanssons utmärglade lik
där han satt i väntrummets sken
och när hon inte kunde hitta pulsen
ville hon skicka en johansson
med ambulans till närmaste akut

olyckligtvis var ambulansen
redan upptagen
av en käring i junsele
som brutit ett ben
så en johansson fick åka likbil
en timmes färd
till sundsvalls sjukhus

hur är det fatt frågade läkaren
jag känner mig sjuk, svarade en johansson
det hugger och gnager liksom i bröstet

det strålar ut i hela skelettet
doktorn vad kan det vara för fel

har ni känt så länge
har ni länge haft problem med hälsan
nej, inte sen jag dog, sa en johansson och log

låt oss lyssna på hjärtat
och se vad som felas
det var märkligt vad det låter
det rasslar liksom omkring
i hjärtats förmakargång
jag tror vi får beställa en röntgen
och se vad som är på gång

när en johansson kom ut från maskinen
såg läkaren helt förskräckt ut
jag förstår inte detta
hur är det ens möjligt
på filmerna av ert inre
ser vi en mus som springer omkring
och av alla prover att döma
så är ni död sen längesen

det hade jag helt glömt sa en johansson
men det är ingen mus
utan en sork och han heter hasse
jag gav honom husrum under vintern
för att hålla mig sällskap
men jag har sagt åt honom
att sluta gnaga på revbenen
det är så förbannat obehagligt

en johansson drömmer
månen sken över furugren
på mossbevuxen sten
och en johansson steg
som en dimma över myren
gled genom mörka skogen
följde den igenvuxna stigen

stod åter vid sitt barndomshem
där skorstensruinen fick liv
och från taket bolmade röken
en johansson såg dem alla sitta i köket
mor och far och syskonen
det var en vårsöndag då solen sken
genom nyputsade fönsterrutor
far i nypressad kostym och hatt
cykeln stod lutad mot knuten
nyoljad och pumpad
färdig för vårens första utflykt

på bordet lådkameran
som så många gånger förr
följt med ut på äventyr
när far cyklade omkring
till de avlägsna byarna
fångade svartvita ögonblick
av bortglömda historier och människor

många gånger hade en johansson
som en liten pojk
bläddrat sig fram i fotoalbumena
drömt sig bort
till främmande länder och platser

längtat efter äventyr och resor
till lusten blev allt för stor
och blott 16 år
mönstrade han ombord
på en skuta som gick
med timmer till göteborg

en johansson reser bort
en johansson stod med väskan i handen
det var hög tid att lämna fäderneslandet
han hade blivit vräkt från sin myr
av ett utländskt bolag som bröt torv
rakt genom hans boning

en nyexaminerad arkeolog
hade också på det grövstaste
kränkt hans uppgrävda lik
exalterat hade hon utropat
att en johansson var en sensation
börjat ta fotografier
och petat med en pensel
på de mest intima ställena
sagt att johansson hörde hemma
i en monter på ett museum

nej, här fanns inget mer att hämta
myren och skogen var skövlad
alla vänner och släktingar som levat
var sedan länge döda
något arbete hade han inte fått
blivit fängslad och hånad
av lagen och läkarkåren

nej, nu fick det vara nog
en johansson hade bestämt sig
han skulle ta första bästa planet
för att söka lyckan i australien
där hade han hört att det fanns guld
som gick att plocka med bara handen
i den heta ökensanden

nu stod han resklar
länge hade han känt
att landet han fötts i
där han vuxit upp och levat
hade blivit främmat och obekant
lika bra då att ta steget
ut i den vida världen

någonstans finns det säker plats
för en riktig norrlänning
som fortfarande är stark i kroppen
och inte rädd för att slita
som har ryggraden kvar
och kan stava till anständighet

Norrländsk mytologi

Oskar och Emma
Bälgadragaren Oskar satt hemma
på verandan och spelade
för sin älskade Emma
när storälgen sprang
rasande arg fram över änga
stångade så olyckligt
den vackra Emma
att den för alltid tystade
hennes ljuva stämma

Oskar sörjde och led
hela hösten, vintern
ja ända framtill våren
då han äntligen steg
upp ur sänga
drog på sig storstövlarna
la bälgen över ryggen
tog felan under armen
och gick ut i skogen
för att finna
vägen till underjorden
och hämta hem
sin älskade Emma

Djupt i finnmarken
låg en grotta som var själva ingången
men den vaktades av en fruktansvärd best
brunbjörnen från Storskoga
men orädd klämde Oskar i
och började spela
björnen sover på sin fela
och snart låg nallefar och snarkade

hopkurad på marken

Gruvgången var trång och mörk
vindlade sig fram i underjorden
men så kom Oskar fram
till en vattenfyllt schakt
där fann han en bastant flottare
med en båtshake på en stock
som ropade hallå där och stopp
här kommer ingen dödlig över

Då tog Oskar fram dragspelet
och klämde i med
månsken över älva
och flottaren han blev så rörd
att Oskar snart vart han överförd
till andra sidan stranna

Så stod han äntligen
framför de dödas träpatron
som satt på en tron
av älgtjurshorn
men var han inte väldigt lik
Amos Persson, så säg?

Oskar framförde sitt ärende
men kungen han bara
skaka på huve och sa
inte går det för sig
att de döda komma
och gå som de vill

Då tog Oskar sin fiol
och började spelade en sorgsen melodi
om kompisarna från förr
som kom på besök
och bjöd på pären och livsvatten
och kungen han började grina
över alla minnena
och sa med gröttjock röst
att ta du bara med dig de dina
men glöm inte
om du vänder dig om
så är de åter mina

Oskar han vandrade åter mot livet
Emma följde som en skugga
bakom hans rygg
när han kom till utgången
kände sig Oskar äntligen trygg
och vände sig om
men se så häpen han blev
när det inte vara Emma
som stod framför honom
utan svärmor
för sicken skojare han är
den där
Amos Persson från Gammtjärn.

Janne och den gyllene surströmingsburken
Ute på Ulvön bortåt begravningsplatsen
finns en gyllene surströmmingsburk
bågnande i sin delikatess
tillagad av ett hemligt recept

Janne från Häggvik hörde legenden
beslöt sig att prova lyckan
samlade en tapper skara män
begav sig hemifrån för att
hämta hem den läckra fångsten

Vid havet blotade han till Ull
en tjäder en hare och en orre
innan han begav sig ut i skogen
letade och fann en seg och uråldrig tall
täljde av tjurveden
ett par skidor
som han sedan tog
med sig ner till fjärden

Bakom skeppet spände han repet
mannarna rodde
Janne skidade över vattnet
det var på den tiden
då strandlinjen ännu stod högt
uppåt kusten

De for först förbi Skuleberget
där en hemsk skvader skvadron
försökte sänka skeppet
släppte ner stora stenar

medan männen rodde för livet
och Janne skicklig skidade
svängde slalom mellan stenportarna

Framför dem reste sig sedan
två stora klippor
en smal skreva som de måste passera
trängre och trängre blev passagen
riskerade att klämma Janne ihjäl
men strax innan slutet
han svängde upp längs bergväggen
följde vattenvågen upp mot skyn
gjorde en volt och landade
oskadd på andra sidan

Nu var de ute på öppna havet
men en kraftig storm
fick skeppet ur kurs
i flera dagar drev de
innan de siktade ljuset
som svepte fram
från Högbondens fyr

Nu kunde kursen återupptas
och snart siktade de Ulvöhamn
nere vid bryggan stod
självaste surströmmingskungen
och hälsade dem välkomna
bjöd på hembränt, mandelpäron
och fjolårets inläggning

Janne fick av kungen höra
att den gyllene burken

vaktades av en hiskelig huggorm
dödlig i bettet
men kungen hade en dotter
Maja var hennes namn
en trolldomskunnig kona
som Janne gärna slöt i sin famn
och Maja hon viskade i Jannes öra
besvärjelser som kunde förföra
och få ormen att sova

På en sten vid kyrkogården
fann Janne den bågnande burken
skimrande som guld i solskenet
men ormen var hiskelig att beskåda
Janne sjöng då ormen i trans
och sedan gick det som en dans
både burken och Maja blev hans
och han tog med sig bägge
hem till Häggvik

Där grundade Janne ett salteri
tillverkade gyllene burkar
sprängfyllda med delikatessen
som sedan såldes i hela Höga Kusten
men säg den lycka som varar
Maja hon blev som galen
när hon upptäckte
att hon var bedragen och sviken
då tog hon barnen sina av daga
och dränkte dem i surströmmingsspadet
och flydde hem till mamma i Ume.

Hennings stordåd
Sladdret gick på byn
att far hans var en gårdfarihandlare
men andra sa att det var
självaste utbrytarkungen
från en kringresande cirkus

Redan som barn
slog han sin omgivning med häpnad
under slåttern lämnade mor hans
honom ensam i näverkonten
när en huggorm ringlade fram i gräset
jollrande kramade Henning ormen
tog stryptaget och dräpte den med handen

Storväxt och stark för sin ålder
gick han sedan omkring i bygden
och uträttade stordåd
som de länge talades om

Har ni hört om den där Henning
från Herrskog, så sade man
han ni hört om storverken han utförde
på vår Ångermanländska jord?

Först var det Dämstabesten
en rasande tolvtaggare
som satte skräck i skogen
ingen vågade sig ut under hösten
för att plocka lingonen
men Henning tog tjuren vid hornen
slängde upp honom på ryggen
bar honom sedan ner till älva

och kasta ut han i strömfåran

Sen fick han anställning
hos storbonden Andersson i Galsätter
för att mocka rent i lagårn
knähög stod skiten i gångarna
ett årsverke arbete för drängarna
men Hennning dämde upp ån
lät vattnet flöda genom stallarna
och framåt kvällen
hade de spolats skinande rena

Och har ni hört
när han gick ut på Stormyran
för att plocka snottrabären
mitt i sankmyren fanns en kulle
som lyste gul i natten
full av de godaste hjortronen
säkert ett par hundra kilo
men ett svart moln av ilskna knott
hindrade varje människa
att ta sig ut dit

Henning spände ett par
dörrar på fötterna
för att inte sjunka ner
smörjde sen in hela kroppen
med ett hemligt recept
en vedervärdig illaluktande sörja
med pors, ormbär och bävergäll
sen gick han över myren
och knotten vek sig undan
Henning fyllde fyra hinkar

med myrens guld
tog med sig dem hem
och kokade guldsylten till pannkakorna

Men Henning längtade efter äventyret
ville se vad som fanns bortom Öviks-trakten
men storbonden Andersson vägrade att släppa
honom i förtid från kontraktet
han bara skratta och sa
om du hämtar hit pastor Bylunds hund
den folkilskna besten bunden vid brunnen
så ska jag låta dig gå fri

Känd var hunden i Ytterlännäs församling
och vida omkring i hela länet
en helvetisk best rasande ilsk
ingen dödlig vågade sig dit
men Henning klev in på prästgården
frågade prästen om lov
om han fick ta med hunden på promenad
prästen log och sa: javisst
ta du mä Karo på en sväng
men säg först vad vi ska hugga in
på gravstenen din

Henning gick mot hunden
som rasade slet sin ked
tuggade fradga och himla med ögonen
men när Henning sträckte fram handen
med surströmmingen
blev hunden from som ett lamm
och slicka honom på kinden

De traskade sedan i rask takt
bort till Anderssons kåk
men när hunden fick se bonden
blev han som galen och slet i kedjan
så Henning knappt kunde hålla honom tillbaka
storbonden han blekna och skrek:
Ta bort hunden från min syn
så är du fri och göra som du vill
Henning gick då tillbaka
med hunden till pastor Bylund

På väg mot Övik stannade Henning
till i Köja för att övernatta
byborna berätta då att på Litanön
fanns en folkilsk tjur som sprang lös
om Henning kunde befria dem
från denna plåga
skulle han bli rikligt belönad

Morgonen efteråt simmande
han över till ön
där på stranden fann han monstret
som stampa och spruta eldlågorna
men Henning tog av sig rödskjortan
och vifta med den framför nosen
så tjuren blev rasande arg och sprang
rakt i Hennings famn
men i sista stund klev han åt sida
och tjuren fann att marken försvann
och rakt ut i älven han for
där den starka strömmen
besten till botten drog

Henning styrde åter stegen mot Övik
men vid Lugnvik träffa han på Andersson
som hade plockat svamp i skogen
Andersson bjöd generöst Henning korgen
med de finaste vitaste champinjoner
han någonsin hade sett
och sa att nu får du ha de bra i vida världen

Henning beslöt då
för att hälsa på de sina
hemma i torpet i Herrskog
och bjuda på svampstuvning
för att fira stordåden
men se så gräsligt förrädisk
den där Andersson var
för det var vit flugsvamp i korgen
och snart låg hela familjen
i magplågor och dog

Med sina sista krafter
lyckades Henning kravla sig upp på Byberget
där han började förbanna livet
men då såg han i molnen
hur åskguden Tor for fram
guden dundrande ljungade kastade sin blixt
som träffade Henning i huve så han dog

Och för den som ids lyssna
han kan gå upp på Byberget
och ännu höra ekot sjunga
och se ristningarna på hälleberget
berätta om Hennings stordåd.

Jules Vernes äventyr

återberättade av Östby-Nils

Ett undervattenäventyr i Ångermanälven
Enögd, rynkig, med skepparkrans
satt Östby-Nils vid kaminen
värmde händerna sina
tände den nystoppade pipan
sög på snuggan
och började berätta

Han en Erik, han var rik
men tocken tokskalle till karl
byggde en ubåt av gamla oljefat
seglade runt och skrämde slag
på folk och fä i vår ådal
en kväll dök han upp ur djupet
framför Emma Fransson
som stod och tvätta nere vid bryggan
skräckslagen sprang hon hem
trodde det var sjömonstret
vägrade gå ner till sjön igen
så karln hennes
blev tvungen att köpa tvättmaskinen

Men jag var inte den
som sa nej när en Erik en kväll
nere vid Ödskajen fråga
ska du mä på en tur
så jag kröp ner i skrovet
ner i buken på ubåten
han hade gjort det riktigt fint därnere
med sammetsfåtölj och böcker och ljusen
det fanns till och med fönster
som man kunde titta ut

Så sjönk vi ner i djupet
och sicken äventyr det blev
när vi tog oss fram i älvfåran
bland sjunktimmer och vraken
jag svär att jag såg ett skepp
med riggade segel
och Vitaliebröderna i fören
och fartyget Bollsta
som låg där i djupet
med kaptenens fru
som vinkade till oss
från kabyssen

Å jisses alla dessa fiskar och odjur
som bor därnere i de mörkaste djupen
två meters laxar
hundraåriga gammelgäddor
för att inte tala om
den hiskeliga jätteålen
som stack fram huvudet ur sin håla

Men ute vid Valaberget i Väja
sa Erik att vi skulle ta en promenad
så vi tog på oss cyklop
gjorda av syltburkar av glas
och var sin cykelpump
fick vi ta me
för att få luften
när vi vandra omkring på botten

Där vid branten låg båten
med flaskorna spridda runt omkring
det var vin, whiskey och konjak

av en finare sort
det var konsul Ekman last
som en stormig natt
gått i kvav och nu
låg bortglömd i sin vattengrav

När vi kom tillbaka in i ubåten
provade vi vår fångst
och fast den legat på botten
i år och dar
smakade den riktig bra

Några timmar senare
lite rund om foten
slutade mitt undervattenäventyr
när jag åter steg iland
vid Ödskajen
men hur det gick med Erik
det vet inte jag
för ingen såg till honom igen
kanske sjönk ubåten
och älven blev hans grav
vad vet jag.

Den strandade maskinön
Östby-Nils knackade pipan mot kaminen
stoppade och tände en ny rök
Ni vet Grusholmen började han
den avlånga ön i Kramforsbukten
det är ett märkligt äventyr
för den har inte alltid legat där
en dag kom den drivande med strömmen

För länge sen började man bygga
en flytande ö i vår huvudstad
driven av ett sinnrikt ångmaskineri
förmögna östermalmsdamer
och alla djursholmsmiljonärerna
köpte genast dyra biljetter
till de lyxiga hytterna på ön

En kväll i juni
lättade sommarstaden ankar
och seglade genom Skärgården
ut på Östersjön
och alla miljonärerna njöt
av den friska havsluften
drack champagne ur klirrande kristallglas
och åt nyfångad piggvar med ostron och kaviar

Men en kväll kom en rasande orkan
vågorna kastade sig meterhöga
skummet yrde och vinden ven
och blixten slungade sin elektricitet

Ångmaskinen exploderade
och hela sommarstaden drev

omöjlig att manövrera
längs med norrlandskusten i flera dar
tills den med ett brak
kastades rakt mot ett skär utanför Hemsön

Många miljonärer strök med
det var en verklig katastrof
delarna tog strömmen tag i
och vinden tryckte på
tills de strandade
långt in i Ångermanälvens mynning

Där ligger de kvar än idag
en blev Grusholmen
de andra tre känner ni som
Trollskäret, Lilla Norge och Gärsholmen
om ni åker ditut
och gräver djupt i backen
kommer ni att hitta delar
av maskinöns makalösa maskineri
kanske också bitar av kristallglas
och skelettdelar från
en och annan Stockholmssmiljonär.

Till jordens mitt
Jag minns, började Östby-Nils
när jag var ung och stark
och fick jobb att riva en kåk
det var den kända geologen
Bengt-Arne Lejonklos dödsbo

När jag rev upp trossbotten
i hans gamla arbetsrum
fann jag en karta
den visade vägen
till jordens medelpunkt
är det inte märkligt så säg

Själva ingången till underjorden
låg, hör och häpna
vid Borgberget i Bollstabruk
men ingången avslöjades först
när skuggan från solen
stod i middagshöjd
samma dag som det var
surströmmingspremiär

Jag hittade öppningen
men det blev en lång och besvärlig färd
det bar av brant nedför
men så vidgade tunneln sig
och jag stod i en underjordisk sal
ofantligt stort
med en bottenlös tjärn
som hindrade min väg

Av sega rötter
flätade jag mig en korg
tätade den med lera och lav
och begav mig sedan av
till paddel hade jag
ett skulderblad från en dinosaurie

Vattnet var klart
man såg långt ner
märkliga fiskar som simmade
lingonröda rödingar som blinkade
och fruktansvärda snorgärsar
med meterlånga taggar
och enorma braxar
som blänkte och glimmade
när de simmade

Men efter flera timmars färd
märket jag att farten ökade
jag hade fångats av en ström
snart drogs jag in i en mardröm
en helvetisk malström
som sög mig ner

Korgen kastades utan kontroll
fram och tillbaka
jag klamrade mig desperat fast
där jag flög fram
längs en underjordisk rutschkana

Så började jag plötsligt stiga uppåt
vattnet pressade mig allt snabbare
mot ytan

och när jag såg det starka ljuset
trodde jag min sista stund
var kommen

Men döm av min förvåning
när jag kastades ut
från luckorna på ett svalltorn
och strax flöt jag omkring
på den välkända Ångermanälven
vilket var en himla tur
för alla surströmmingsburkarna
som jag tagit me som proviant
var så gott som slut.

Guldkometen
Ser du gulltanden min
sa Östby-Nils och visa
så snuset syntes i käften hans
den fick jag efter ett möte
med guldkometen
det var nyårsafton -73
som det märkliga hände

Isaksson, Börje och jag
hade suttit och supit hela kvällen
och somnat framåt midnatta
men när vi vakna till livs
kände vi vinddraget i håret
märkte att det var svårt att andas
å huvudet bulta så förskräckligt

Vi förstod snart
att vi rusade fram i rymdens evighet
på en guldkomet
men trots vår nyupptäckta förmögenhet
var framtiden oviss
för vi hade varken mat eller dryck
på vår färd bort från vår hemplanet

Då hörde vi ett stönande
det visade sig vara Karl-Bertil
en knallare från trakten
som hängt med på färden av bara farten
med som tur var hade han maten
hela näverkånken var fylld till randen
med ost och sill och potatis
men vi fick betala dyrt

ett kilo guld för en potatis
och ett till för en sill

Efter ett par dar
rundade vi månen med en väldans fart
vi vinka åt månkungen
innan vi slungades tillbaks
och jorden närma sig åter
med en hiskelig fart
det verkade bli en krock
men i sista stund
rubbades kometen ur sin bana
och vi halkade och föll
genom atmosfären
och var snart tillbaks i ådalen
där vi började den märkliga färden

Vi grämde oss förstås
över den förlorade guldkometen
men i fickan hittade jag
lite guldsand som fastnat i kanten
det var ingen förmögenhet
med som ni ser
så räckte det till en gulltand.